Impressum
Verlag: BABADADA GmbH, Nedderfeld 112 , 22529 Hamburg
Geschäftsführer / Verlagsleitung: Harald Hof
Druck: Books on Demand GmbH, In de Tarpen 42, 22848 Norderstedt

Imprint
Publisher: BABADADA GmbH, Nedderfeld 112 , 22529 Hamburg, Germany
Managing Director / Publishing direction: Harald Hof
Print: Books on Demand GmbH, In de Tarpen 42, 22848 Norderstedt, Germany

skole

kool

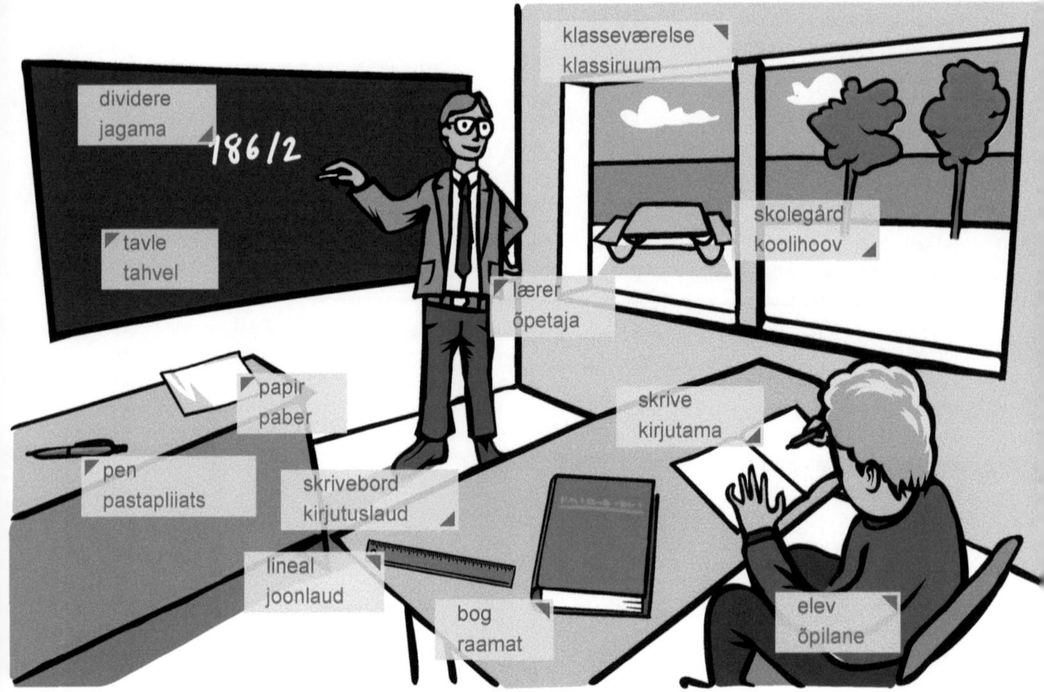

klasseværelse
klassiruum
dividere
jagama
186/2
tavle
tahvel
skolegård
koolihoov
lærer
õpetaja
papir
paber
skrive
kirjutama
pen
pastapliiats
skrivebord
kirjutuslaud
lineal
joonlaud
bog
raamat
elev
õpilane

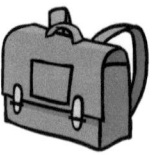

skoletaske

koolikott

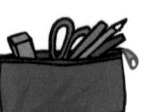

penalhus

pinal

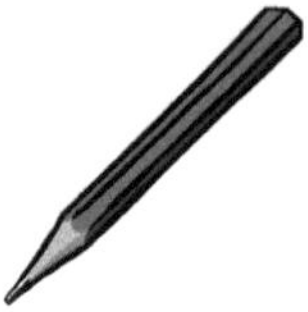

blyant

harilik pliiats

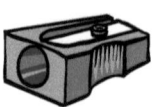

blyantspidser

pliiatsiteritaja

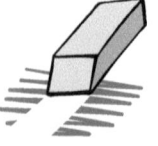

viskelæder

kustukumm

tegneblok

joonistusplokk

tegning	pensel	æske med vandfarver
joonistus	pintsel	värvikarp

saks	lim	opgavehefte
käärid	liim	töövihik

lektie	tal	addere
kodutöö	number	liitma

subtrahere	multiplicere	regne
lahutama	korrutama	arvutama

bogstav	alfabet	ord
täht	tähestik	sõna

tekst

tekst

læse

lugema

kridt

kriit

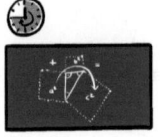

time

koolitund

klasseprotokol

klassipäevik

eksamen

eksam

karakterbog

tunnistus

skoleuniform

koolivorm

uddannelse

haridus

leksikon

entsüklopeedia

universitet

ülikool

mikroskop

mikroskoop

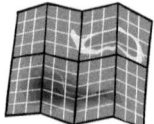

kort

kaart

papirkurv

paberikorv

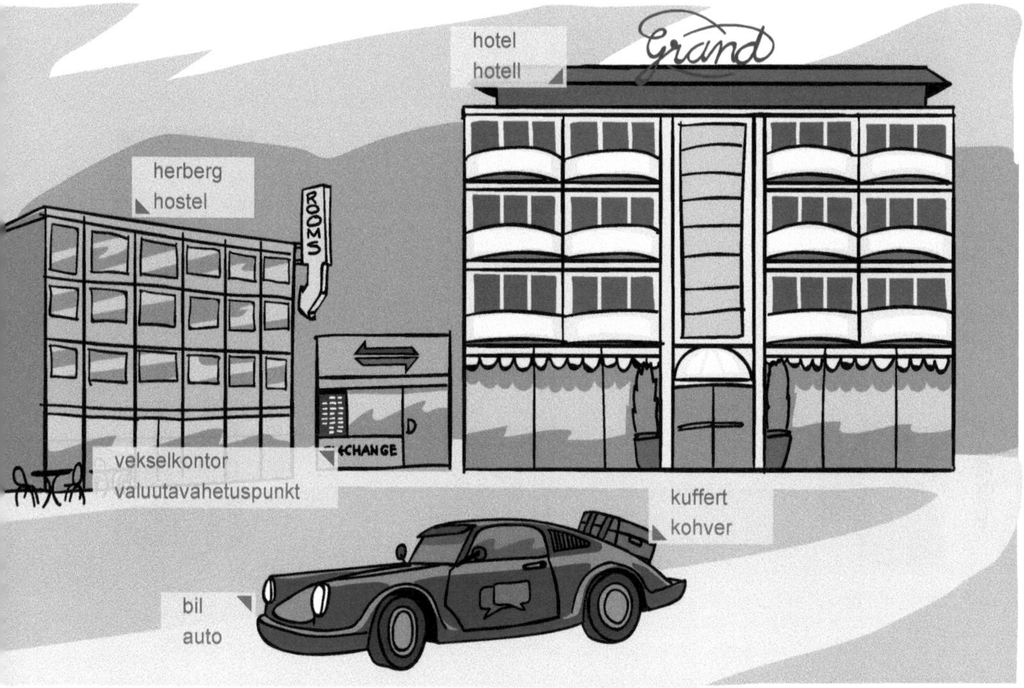

hotel
hotell
Grand
herberg
hostel
ROOMS
vekselkontor
valuutavahetuspunkt
kuffert
kohver
bil
auto

sprog
keel

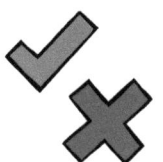

ja / nej
jah / ei

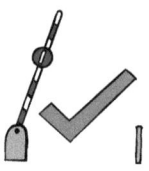

okay
okei

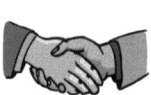

hej
Tere!

oversætter
tõlk

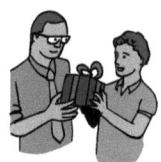

tak
Aitäh!

hvad koster…?

Kui palju maksab …?

Jeg forstår ikke

Ma ei saa aru

problem

probleem

God aften!

Tere õhtust!

God morgen!

Tere hommikust!

God nat!

Head ööd!

farvel

Head aega!

retning

suund

bagage

pagas

taske

kott

rygsæk

seljakott

gæst

külaline

værelse

tuba

sovepose

magamiskott

telt

telk

turistinformation

turismiinfo

strand

rand

kreditkort

krediitkaart

morgenmad

hommikusöök

middagsmad

lõunasöök

aftensmad

õhtusöök

billet

pilet

elevator

lift

frimærke

postmark

grænse

riigipiir

told

toll

ambassade

saatkond

visum

viisa

pas

pass

transport
transport

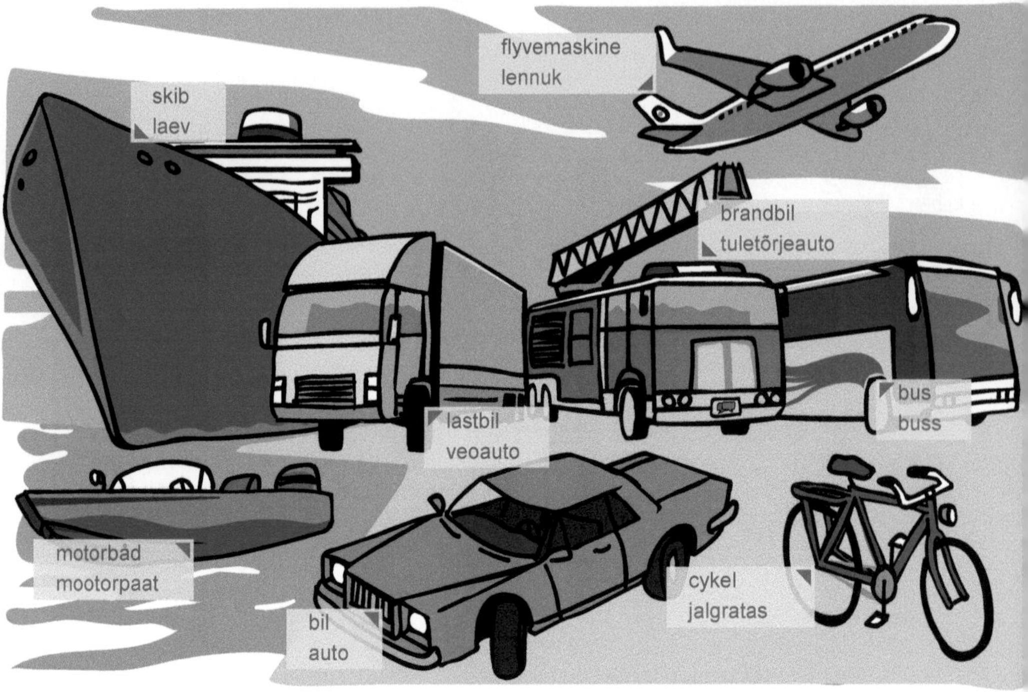

flyvemaskine
lennuk
skib
laev
brandbil
tuletõrjeauto
lastbil
veoauto
bus
buss
motorbåd
mootorpaat
cykel
jalgratas
bil
auto

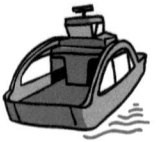

færge

praam

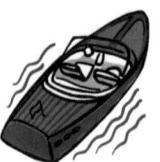

båd

paat

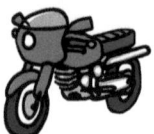

motorcykel

mootorratas

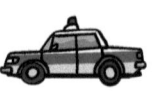

politibil

politseiauto

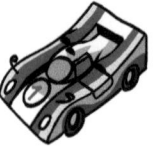

racerbil

võidusõiduauto

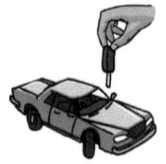

lejebil

rendiauto

samkørsel

ühisauto

kranbil

puksiirauto

skraldebil

prügiauto

motor

mootor

benzin

kütus

tankstation

tankla

trafikskilt

liiklusmärk

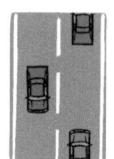

trafik

liiklus

trafikprop

liiklusummik

parkeringsplads

parkla

banegård

raudteejaam

skinner

rööpad

tog

rong

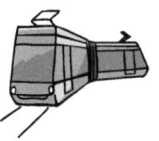

sporvogn

tramm

wagon

vagun

helikopter

helikopter

lufthavn

lennujaam

tårn

torn

passager

reisija

container

konteiner

karton

pappkast

kærre

käru

kurv

korv

starte / lande

õhku tõusma / maanduma

by
linn

landsby

küla

bymidte

kesklinn

hus

maja

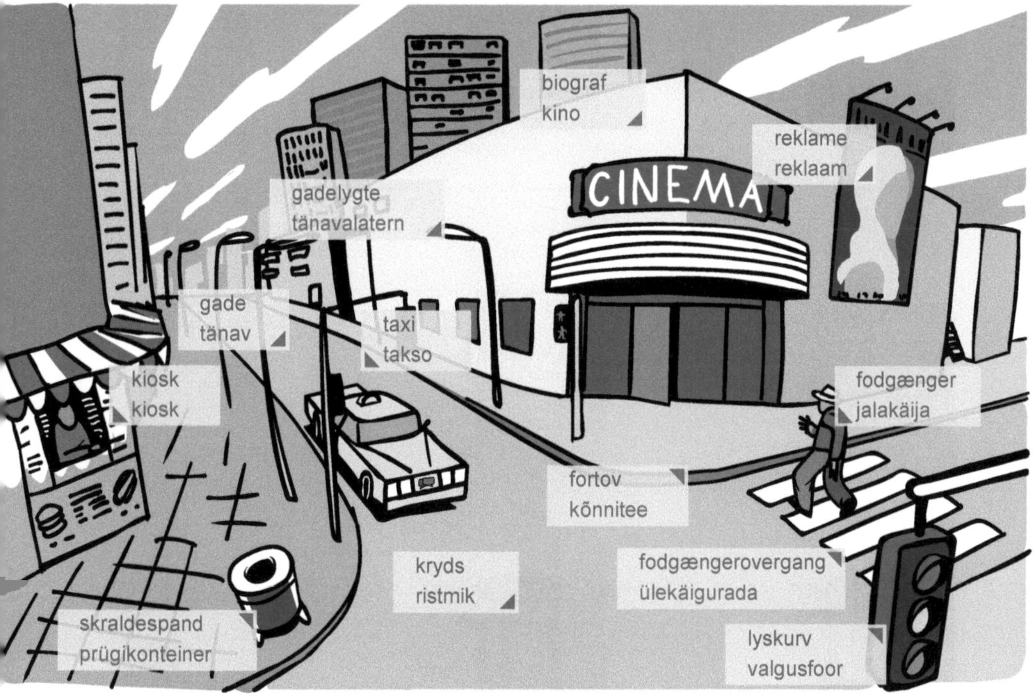

biograf / kino

reklame / reklaam

gadelygte / tänavalatern

gade / tänav

taxi / takso

CINEMA

fodgænger / jalakäija

kiosk / kiosk

fortov / kõnnitee

kryds / ristmik

fodgængerovergang / ülekäigurada

skraldespand / prügikonteiner

lyskurv / valgusfoor

hytte
osmik

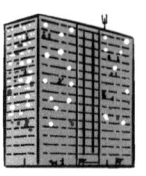

lejlighed
kortermaja

banegård
raudteejaam

rådhus
raekoda

museum
muuseum

skole
kool

universitet

ülikool

bank

pank

sygehus

haigla

hotel

hotell

apotek

apteek

kontor

kontor

boghandel

raamatupood

butik

kauplus

blomsterbutik

lillepood

supermarked

supermarket

marked

turg

stormagasin

kaubamaja

fiskehandler

kalapood

butikscenter

kaubanduskeskus

havn

sadam

by - linn

park

park

bænk

pink

bro

sild

trappe

trepp

undergrundsbane

metroo

tunnel

tunnel

busstoppested

bussipeatus

barnevogn

baar

restaurant

restoran

postkasse

postkast

vejskilt

tänavasilt

parkometer

parkimisautomaat

zoo

loomaaed

badeanstalt

ujula

moske

mošee

bondegård
talu

miljøforurening
reostus

kirkegård
surnuaed

kirke
kirik

legeplads
mänguväljak

tempel
tempel

landskab

maastik

blad
leht

vejviser
teeviit

vej
tee

eng
aas

sten
kivi

træ
puu

vandrer
matkaja

flod
jõgi

græs
rohi

blomst
lill

dal
org

bjerg
mägi

sø
järv

skov
mets

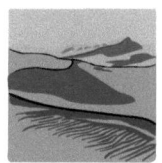

ørken
kõrb

vulkan
vulkaan

slot
linnus

regnbue
vikerkaar

svamp
seen

palme
palm

moskito
sääsk

flue
kärbes

myre
sipelgas

bi
mesilane

edderkop
ämblik

bille
mardikas

frø
konn

egern
orav

pindsvin
siil

hare
jänes

ugle
öökull

fugl
lind

svane
luik

vildsvin
metssiga

hjort
hirv

elg
põder

dæmning
pais

vindmølle
tuuleturbiin

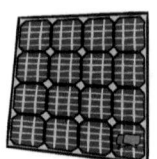

solcellemodul
päikesepaneel

klima
kliima

restaurant
restoran

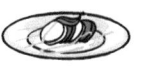

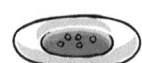

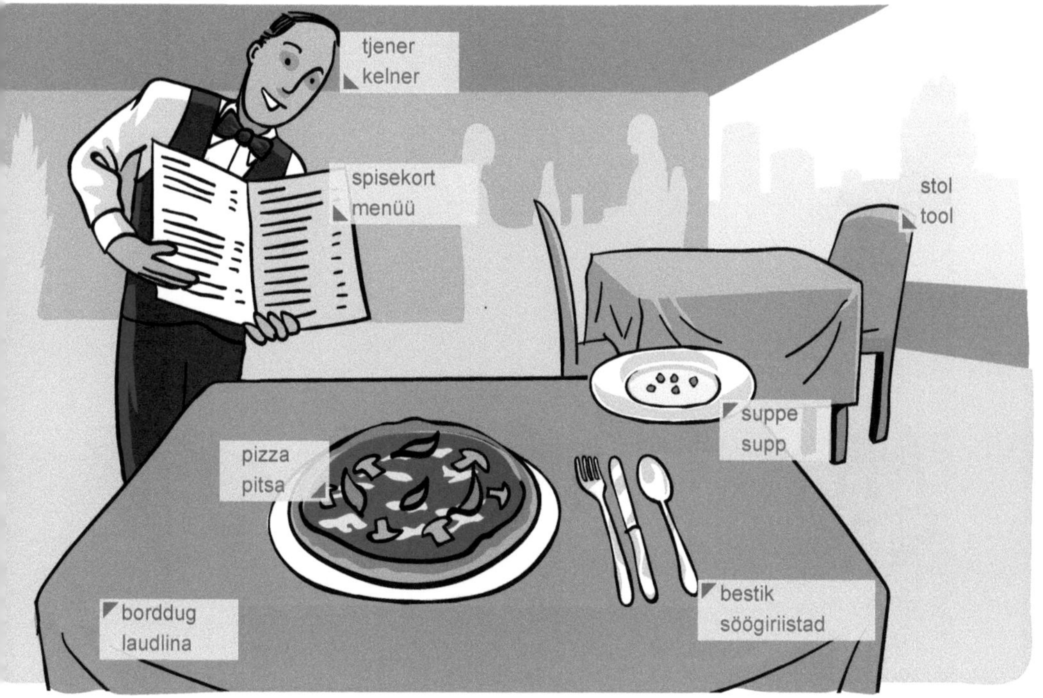

tjener
kelner
spisekort
menüü
stol
tool
suppe
supp
pizza
pitsa
borddug
laudlina
bestik
söögiriistad

forret

eelroog

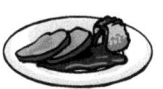

hovedret

pearoog

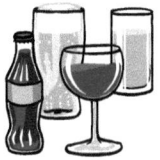

dessert

magustoit

drikkevarer

joogid

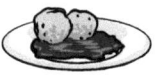

mad

toit

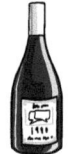

flaske

pudel

fastfood

kiirtoit

streetfood

tänavatoit

tekande

teekann

sukkerdåse

suhkrutoos

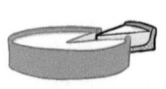

portion

portsjon

espressomaskine

espressomasin

barnestol

lastetool

faktura

arve

tablet

kandik

kniv

nuga

gaffel

kahvel

ske

lusikas

teske

teelusikas

serviet

salvrätik

glas

klaas

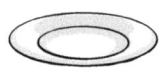

tallerken

taldrik

dyb tallerken

supitaldrik

underkop

alustass

sovs

kaste

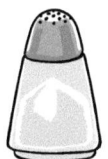

saltbøsse

soolatoos

peberkværn

pipraveski

eddike

äädikas

olie

õli

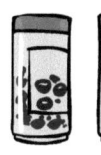

krydderier

vürtsid

ketchup

ketšup

sennep

sinep

mayonnaise

majonees

supermarked

supermarket

tilbud
eripakkumine
FOR
kunde
klient
mælkeprodukter
piimatooted
frugt
puuviljad
indkøbsvogn
ostukäru

BUTCHERS

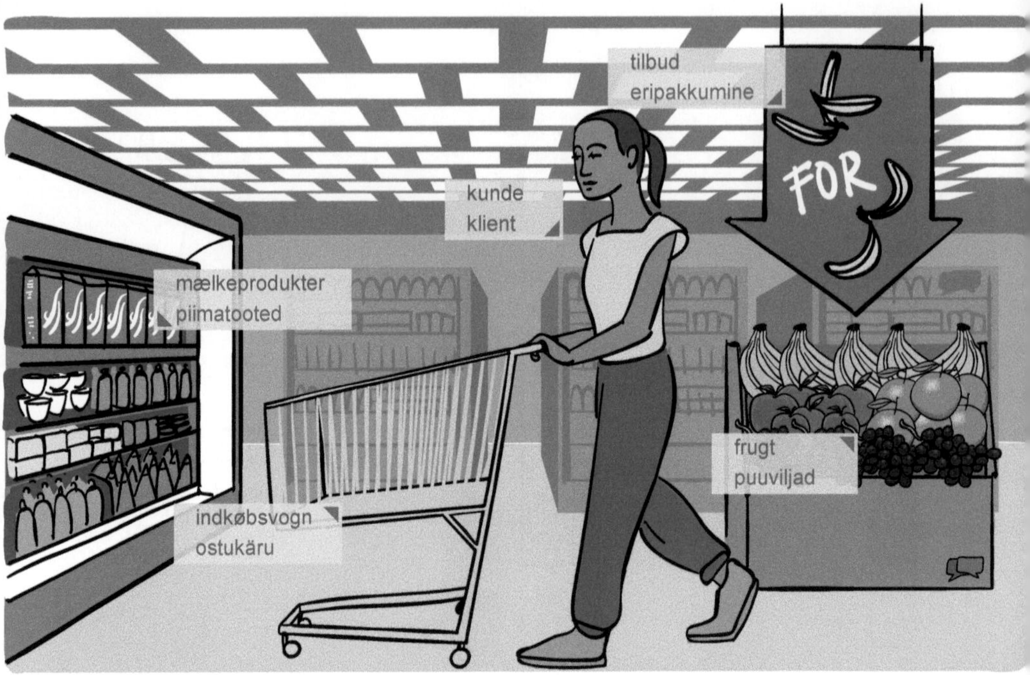

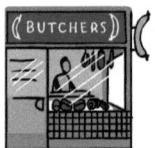

slagter

lihapood

BAKERY

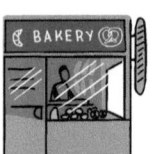

bageri

pagariäri

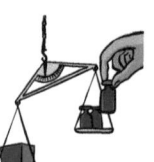

veje

kaaluma

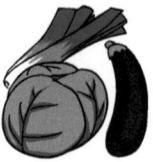

grøntsager

köögiviljad

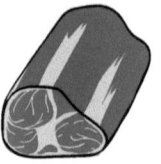

kød

liha

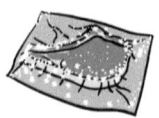

frostvarer

külmutatud toit

pålæg

lihalõigud

konserves

konservid

vaskemiddel

pesupulber

slik

maiustused

husholdningsvarer

majatarbed

rengøringsmidler

puhastustooted

ekspedient

müüja

kasse

kassaaparaat

kasserer

kassapidaja

indkøbsliste

ostunimekiri

åbningstider

lahtiolekuajad

tegnebog

rahakott

kreditkort

krediitkaart

taske

kott

plasticpose

kilekott

vand	saft	mælk
vesi	mahl	piim

cola	vin	øl
koola	vein	õlu

alkohol	kakao	te
alkohol	kakao	tee

kaffe	espresso	cappuccino
kohv	espresso	cappuccino

banan

banaan

æble

õun

appelsin

apelsin

melon

arbuus

citron

sidrun

gulerod

porgand

hvidløg

küüslauk

bambus

bambus

løg

sibul

svamp

seen

nødder

pähklid

nudler

nuudlid

spaghetti

spagetid

ris

riis

salat

salat

pomfritter

friikartulid

stegte kartofler

praekartulid

pizza

pitsa

hamburger

hamburger

sandwich

võileib

schnitzel

šnitsel

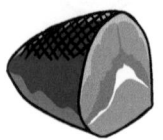

skinke

sink

salami

salaami

pølse

vorst

kylling

kana

steg

praeliha

fisk

kala

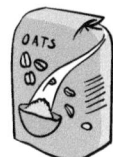

havregryn

kaerahelbed

mysli

müsli

cornflakes

maisihelbed

mel

jahu

croissant

sarvesai

rundstykke

kukkel

brød

leib

toast

röstsai

kiks

küpsised

smør

või

kvark

kohupiim

kage

kook

æg

muna

spejlæg

praemuna

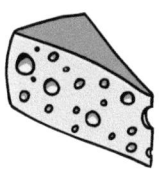

ost

juust

is

jäätis

sukker

suhkur

honning

mesi

marmelade

moos

nougat-creme

pähklivõie

karry

karri

bondegård

talu

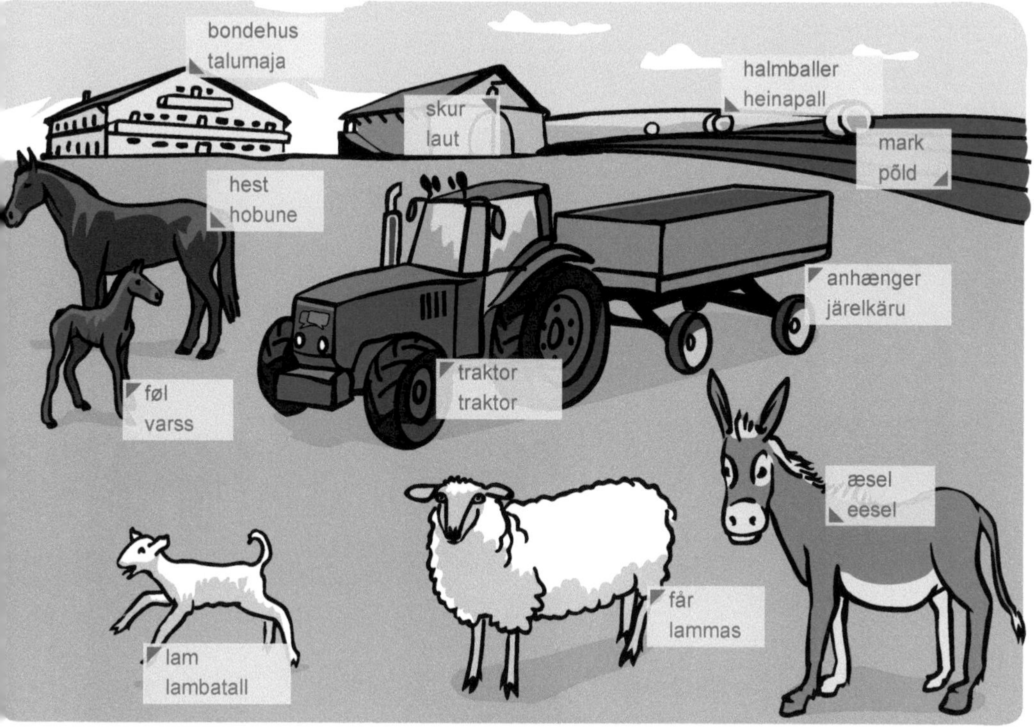
bondehus
talumaja
skur
laut
halmballer
heinapall
mark
põld
hest
hobune
anhænger
järelkäru
føl
varss
traktor
traktor
æsel
eesel
får
lammas
lam
lambatall

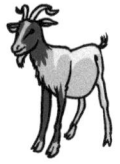

ged
kits

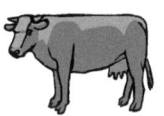

ko
lehm

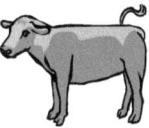

kalv
vasikas

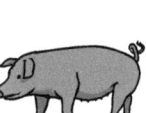

svin
siga

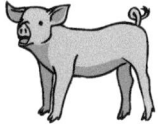

gris
põrsas

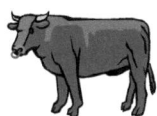

tyr
pull

gås
hani

and
part

kylling
tibu

høne
kana

hane
kukk

rotte
rott

kat
kass

mus
hiir

okse
härg

hund
koer

hundehus
koerakuut

haveslange
aiavoolik

vandkande
kastekann

le
vikat

plov
ader

segl
sirp

hakkejern
kõblas

møggreb
hang

økse
kirves

trillebør
käru

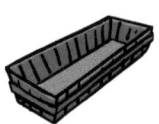

trug
küna

mælkekande
piimanõu

sæk
kott

hæk
tara

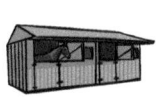

stald
tall

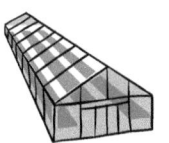

drivhus
kasvuhoone

jord
muld

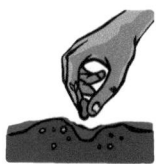

frø
seeme

gødning
väetis

mejetærsker
kombain

høste

saaki koristama

høst

saagikoristus

yams

jamss

hvede

nisu

soja

soja

kartoffel

kartul

majs

mais

raps

raps

frugttræ

viljapuu

maniok

maniokk

korn

teravili

hus
maja

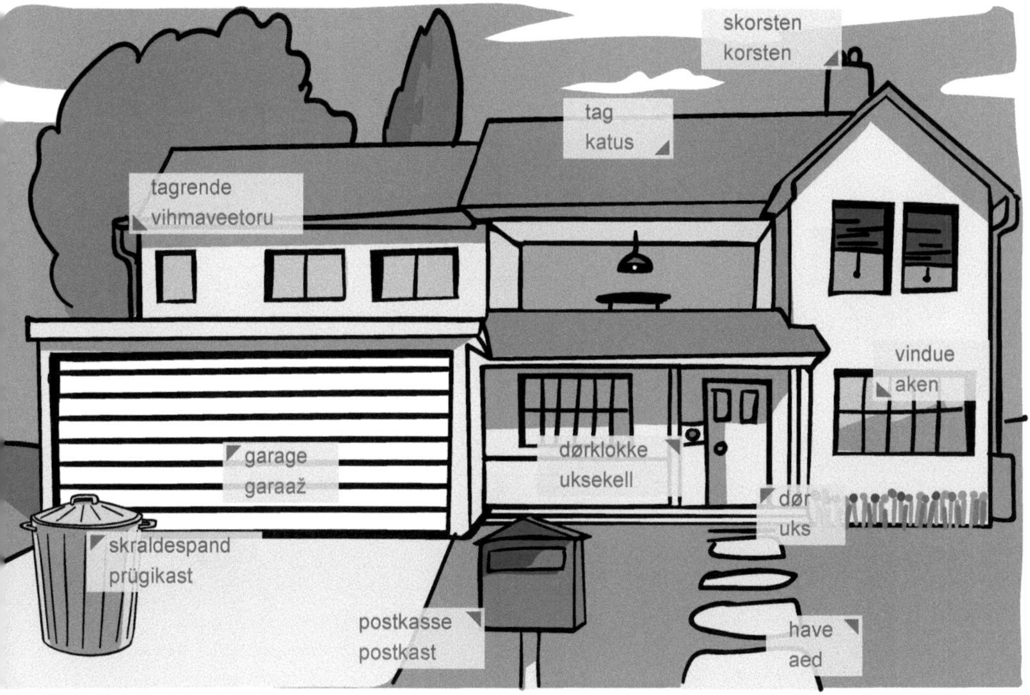

skorsten
korsten
tag
katus
tagrende
vihmaveetoru
vindue
aken
garage
garaaž
dørklokke
uksekell
dør
uks
skraldespand
prügikast
postkasse
postkast
have
aed

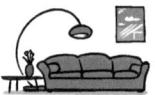

stue

elutuba

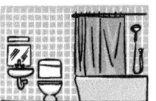

badeværelse

vannituba

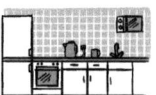

køkken

köök

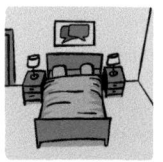

soveværelse

magamistuba

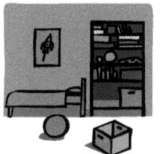

børneværelse

lastetuba

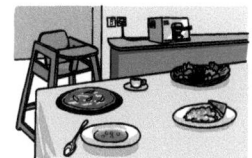

spisestue

söögituba

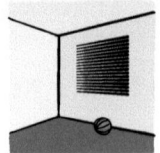

gulv

põrand

væg

sein

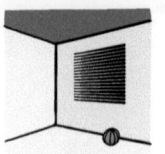

loft

lagi

kælder

kelder

sauna

saun

altan

rõdu

terrasse

terrass

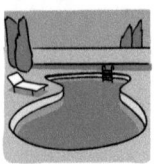

svømmehal

bassein

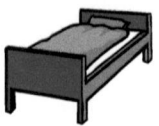

plæneklipper

muruniiduk

dynebetræk

voodilina

dyne

päevatekk

seng

voodi

kost

luud

spand

ämber

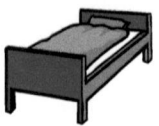

kontakt

lüliti

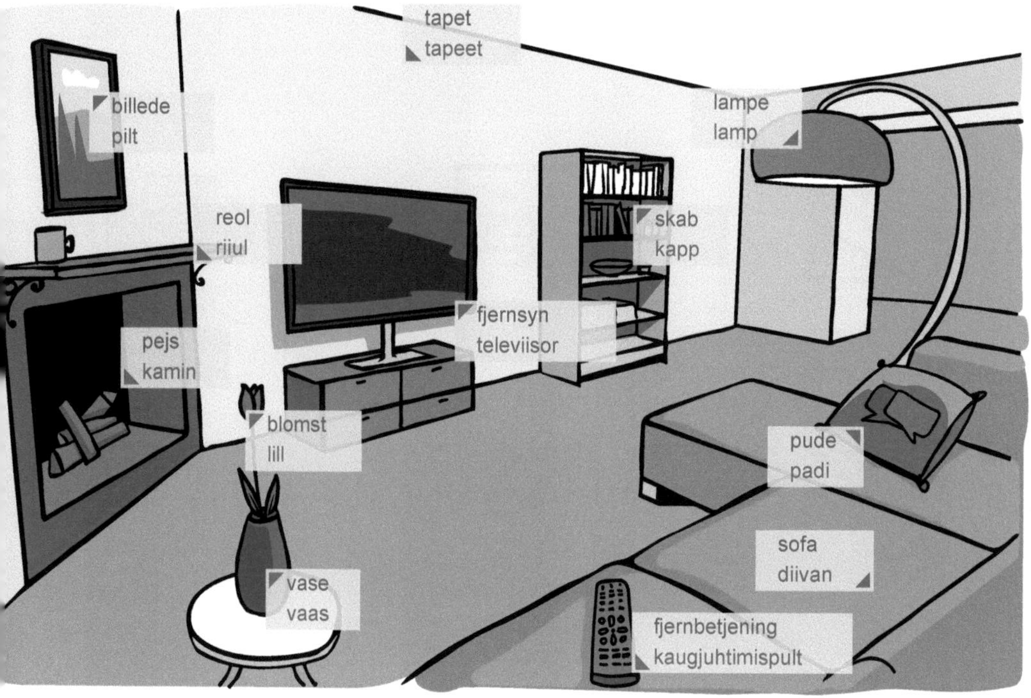

tapet
tapeet

billede
pilt

lampe
lamp

reol
riiul

skab
kapp

fjernsyn
televiisor

pejs
kamin

blomst
lill

pude
padi

sofa
diivan

vase
vaas

fjernbetjening
kaugjuhtimispult

gulvtæppe
vaip

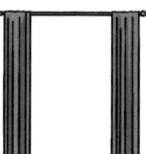

gardin
kardin

bord
laud

stol
tool

gyngestol
kiiktool

lænestol
tugitool

bog

raamat

tæppe

tekk

dekoration

kaunistus

brænde

küttepuud

film

film

stereoanlæg

helisüsteem

nøgle

võti

avis

ajaleht

maleri

maal

plakat

plakat

radio

raadio

notesblok

märkmik

støvsuger

tolmuimeja

kaktus

kaktus

lys

küünal

stue - elutuba

køkken
köök

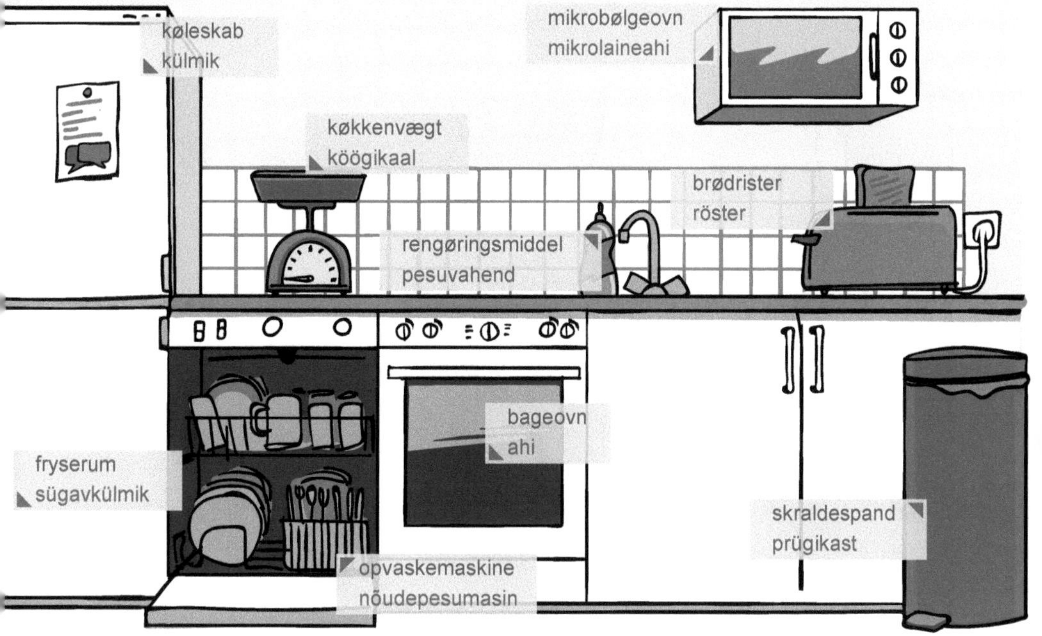
køleskab
külmik
mikrobølgeovn
mikrolaineahi
køkkenvægt
köögikaal
brødrister
röster
rengøringsmiddel
pesuvahend
bageovn
ahi
fryserum
sügavkülmik
skraldespand
prügikast
opvaskemaskine
nõudepesumasin

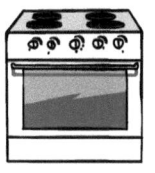

komfur
pliit

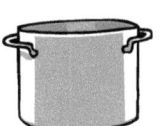

gryde
pott

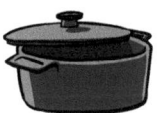

jerngryde
malmpott

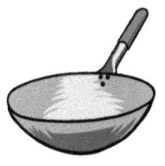

wok / kadai
vokkpann

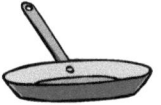

pande
pann

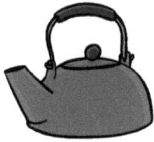

elkedel
veekeetja

dampkoger

aurutaja

bageplade

küpsetusplaat

service

lauanõud

bæger

kruus

skål

kauss

spisepinde

söögipulgad

øseske

kulp

paletkniv

pannilabidas

piskeris

vispel

dørslag

kurn

si

sõel

rive

riiv

morter

uhmer

grille

grill

ildsted

lahtine tuli

skærebræt

lõikelaud

kagerulle

tainarull

proptrækker

korgitser

dåse

konservipurk

dåseåbner

konserviavaja

grydelap

pajakinnas

køkkenvask

kraanikauss

børste

hari

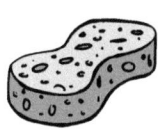

svamp

pesukäsn

blender

kannmikser

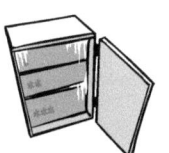

dybfryser

sügavkülmuti

sutteflaske

lutipudel

vandhane

segisti

badeværelse

vannituba

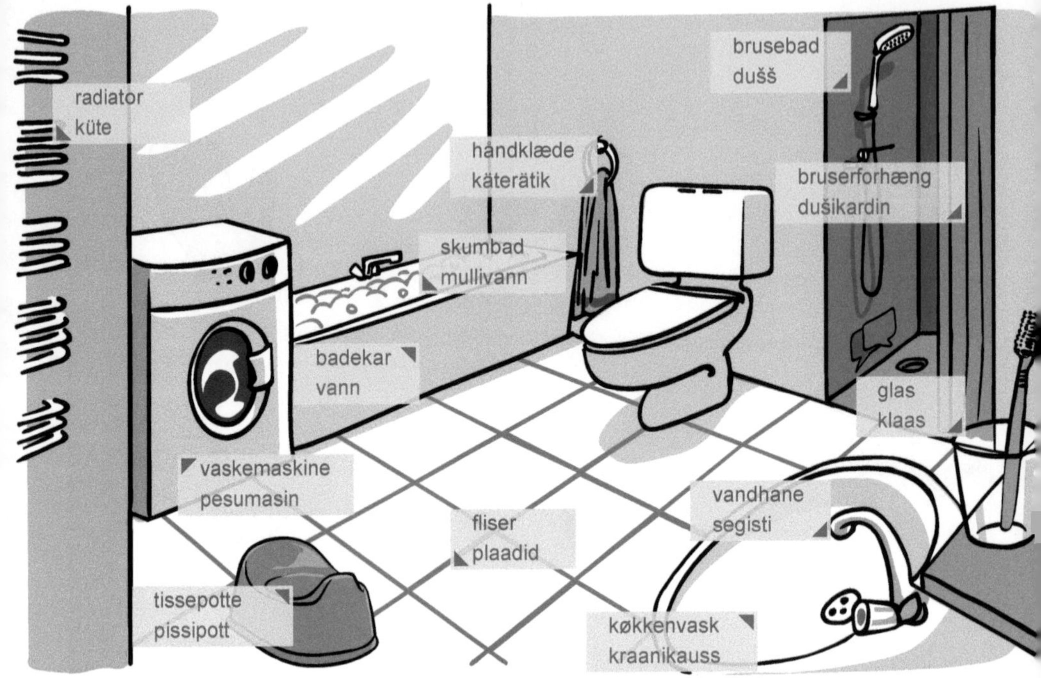
radiator
küte
brusebad
dušš
håndklæde
käterätik
bruserforhæng
dušikardin
skumbad
mullivann
badekar
vann
glas
klaas
vaskemaskine
pesumasin
vandhane
segisti
fliser
plaadid
tissepotte
pissipott
køkkenvask
kraanikauss

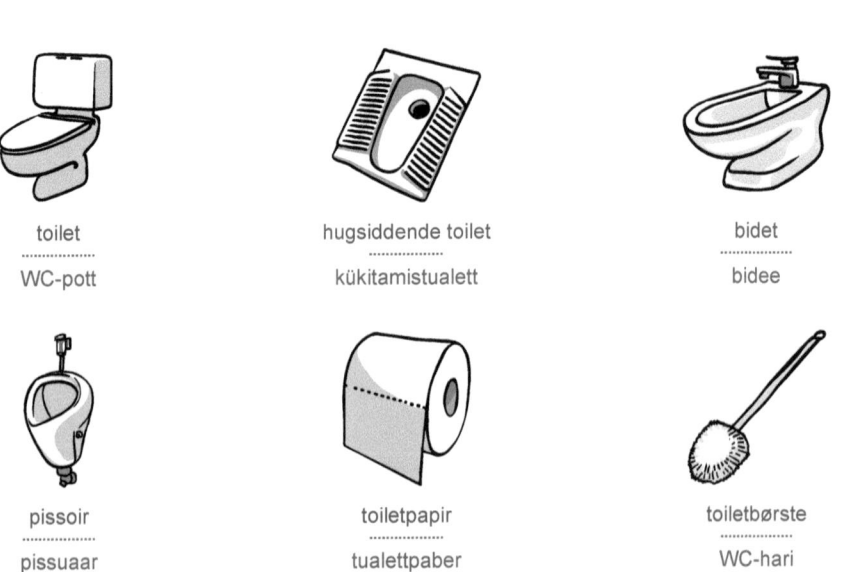

toilet

WC-pott

hugsiddende toilet

kükitamistualett

bidet

bidee

pissoir

pissuaar

toiletpapir

tualettpaber

toiletbørste

WC-hari

tandbørste

hambahari

tandpasta

hambapasta

tandtråd

hambaniit

vaske

pesema

håndbruser

käsidušš

intimbruser

intiimdušš

vaskefad

pesukauss

badebørste

seljahari

sæbe

seep

brusegele

dušigeel

shampoo

šampoon

vaskeklud

vamm

afløb

äravool

creme

kreem

deodorant

deodorant

spejl
peegel

kosmetikspejl
käsipeegel

barberhøvl
habemenuga

barberskum
raseerimisvaht

barbervand
habemevesi

kam
kamm

børste
hari

hårtørrer
föön

hårspray
juukselakk

makeup
meigikomplekt

læbestift
huulepulk

neglelak
küünelakk

vat
vatt

neglesaks
küünekäärid

parfume
parfüüm

toilettaske

tualett-tarvete kott

skammel

taburet

vægt

kaal

badekåbe

hommikumantel

gummihandsker

kummikindad

tampon

tampoon

damebind

hügieeniside

kemisk toilet

keemiline tualett

børneværelse

lastetuba

vækkeur
äratuskell
bamse
pehme mänguasi
legetøjsbil
mänguauto
skralde
kõristi
dukkehus
nukumaja
gave
kingitus

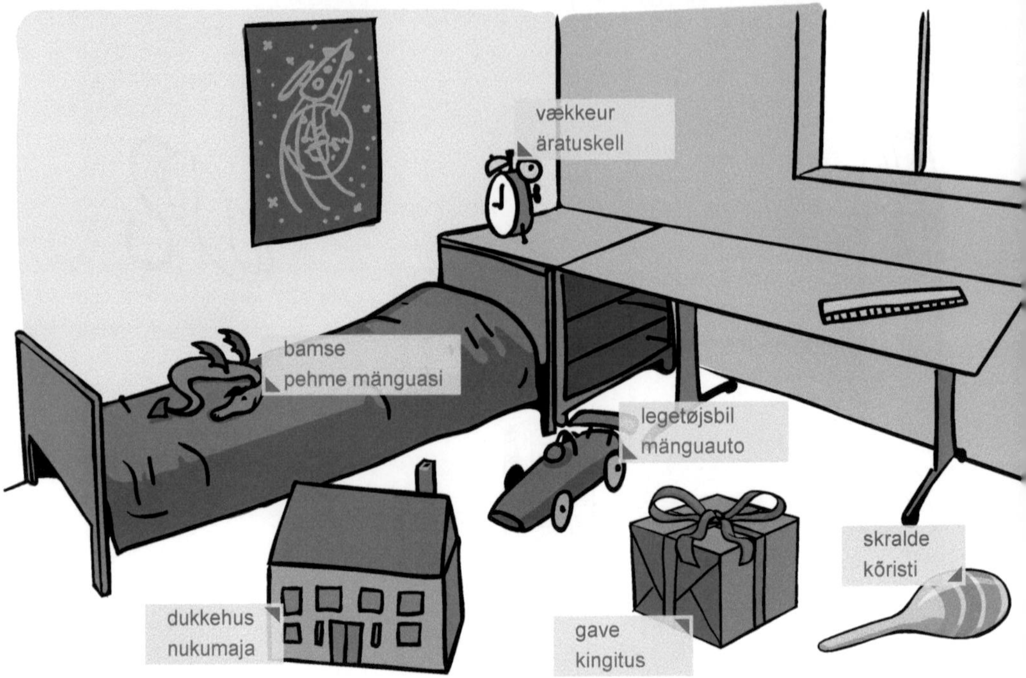

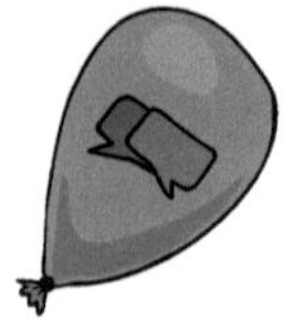

ballon

õhupall

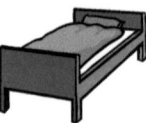

seng

voodi

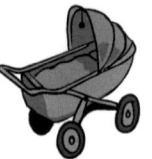

barnevogn

lapsevanker

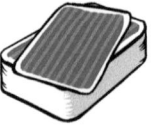

kortspil

kaardipakk

puslespil

pusle

SUPER
MEGA

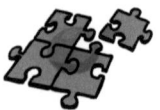

tegneserie

koomiks

legoklodser

Lego klotsid

byggeklodser

klotsid

action figur

kujuke

sparkedragt

siputuspüksid

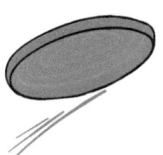

frisbee

lendav taldrik

uro

voodikarussell

brætspil

lauamäng

terning

täringud

modeljernbane

mudelrong

sut

lutt

fest

pidu

billedbog

pildiraamat

bold

pall

dukke

nukk

lege

mängima

sandkasse

liivakast

gynge

kiik

legetøj

mänguasjad

spillekonsol

mängukonsool

trehjulet cykel

kolmerattaline jalgratas

bamse

mängukaru

klædeskab

riidekapp

tøj

riietus

sokker

sokid

strømper

sukad

strømpebukser

sukkpüksid

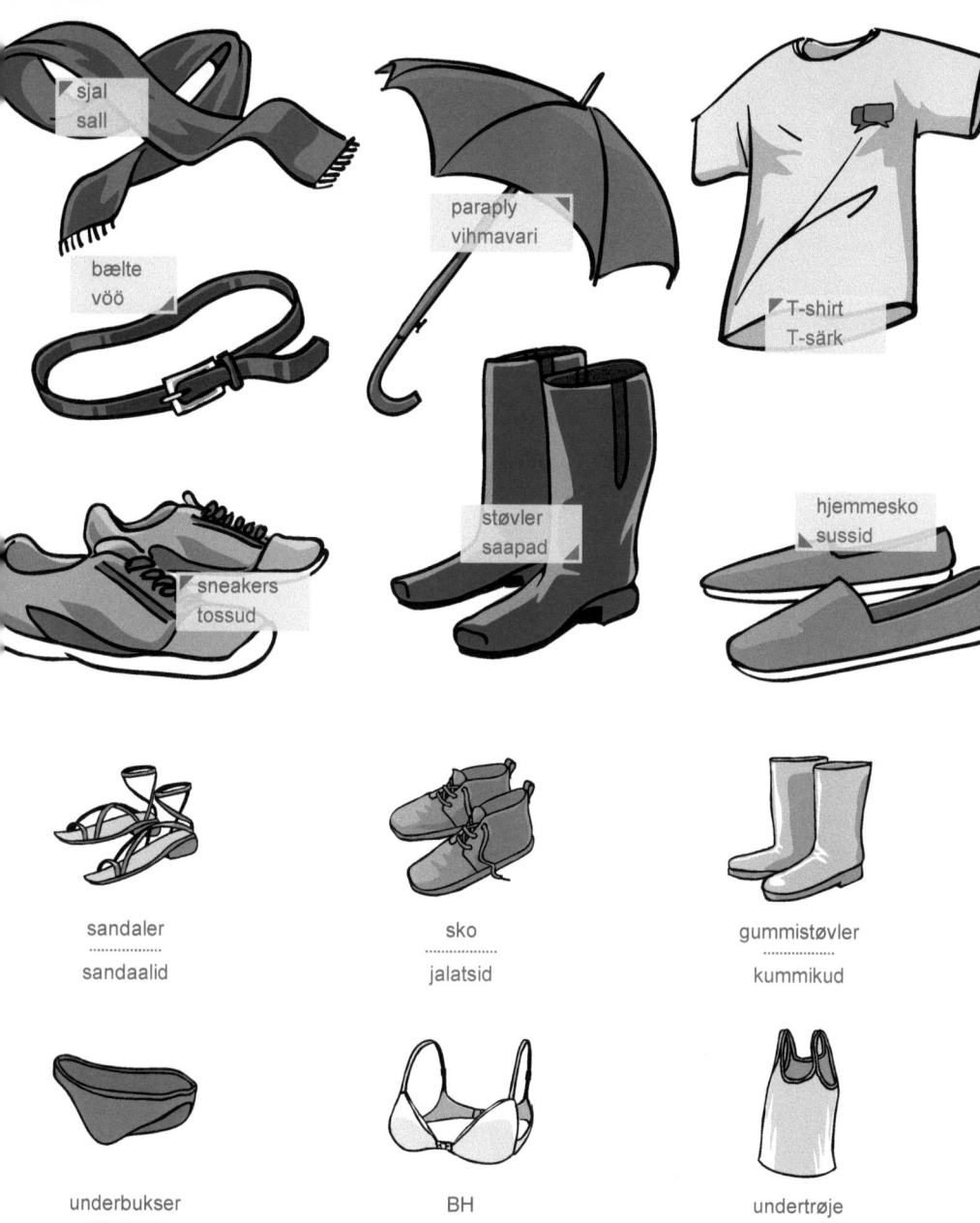

sjal
sall

bælte
vöö

paraply
vihmavari

T-shirt
T-särk

støvler
saapad

hjemmesko
sussid

sneakers
tossud

sandaler
sandaalid

sko
jalatsid

gummistøvler
kummikud

underbukser
aluspüksid

BH
rinnahoidja

undertrøje
vest

tøj - riietus

45

body
bodi

bukser
püksid

jeans
teksapüksid

nederdel
seelik

bluse
pluus

skjorte
särk

pullover
sviiter

sweatshirt
dressipluus

blazer
bleiser

jakke
jakk

frakke
mantel

regnfrakke
vihmamantel

kostume
kostüüm

kjole
kleit

brudekjole
pulmakleit

tøj - riietus

jakkesæt

ülikond

nattrøje

öösärk

pyjamas

pidžaama

sari

sari

hovedtørklæde

pearätt

turban

turban

burka

burka

kaftan

kaftan

abaya

abayah

badedragt

ujumistrikoo

badebukser

ujumispüksid

korte bukser

lühikesed püksid

træningsdragt

dressid

forklæde

põll

handsker

kindad

knap

nööp

briller

prillid

armbånd

käevõru

kæde

kaelakee

ring

sõrmus

ørering

kõrvarõngas

hue

nokamüts

bøjle

riidepuu

hat

kaabu

slips

lips

lynlås

tõmblukk

hjelm

kiiver

seler

traksid

skoleuniform

koolivorm

uniform

vormirõivad

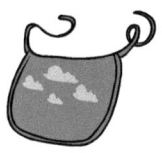

hagesmæk

pudipõll

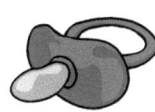

sut

lutt

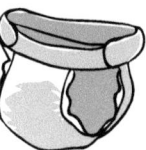

ble

mähe

kontor

kontor

server
server
arkivskab
arhiivikapp
printer
printer
papir
paber
skærm
monitor
skrivebord
kirjutuslaud
mus
hiir
mappe
kaust
tastatur
klaviatuur
stol
tool
papirkurv
paberikorv
computer
arvuti

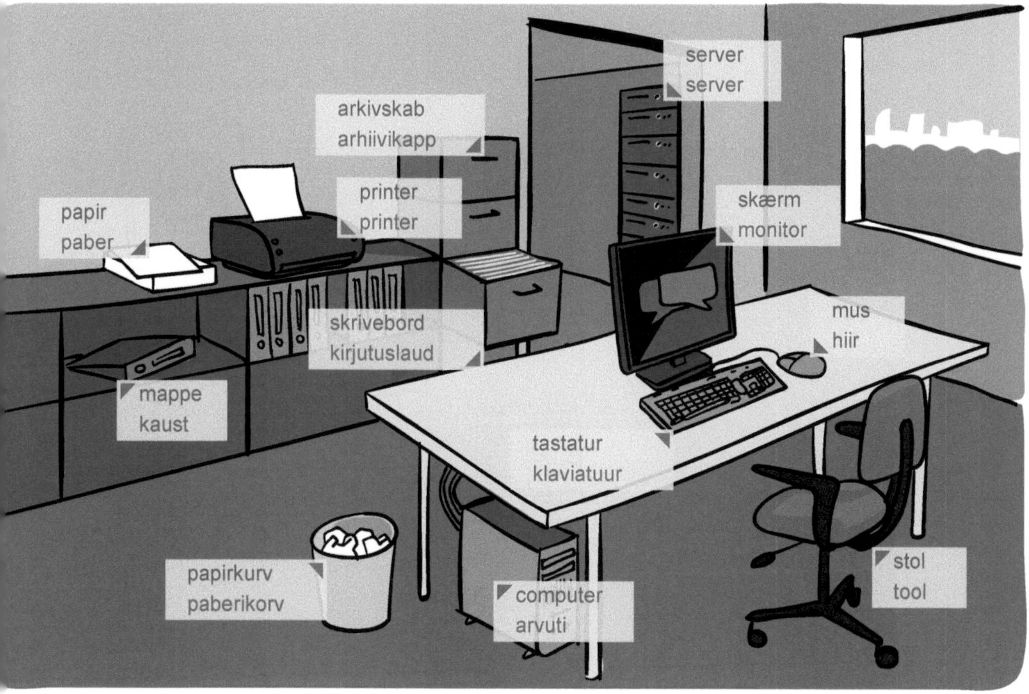

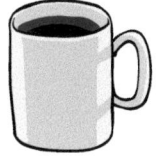

kaffekrus

kohvikruus

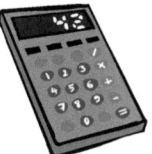

lommeregner

kalkulaator

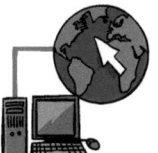

internet

internet

bærbar

sülearvuti

brev

kiri

besked

sõnum

mobil

mobiiltelefon

netværk

võrk

kopimaskine

koopiamasin

software

tarkvara

telefon

telefon

stikdåse

pistikupesa

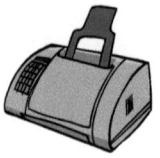

fax

faksimasin

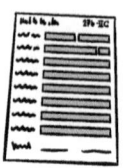

formular

vorm

dokument

dokument

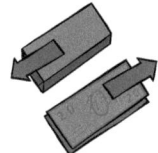

købe
ostma

betale
maksma

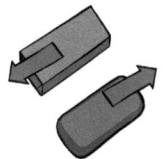

handle
vahetama

penge
raha

dollar
dollar

euro
euro

yen
jeen

rubel
rubla

schweizerfranc
Šveitsi frank

renminbi yuan
renminbi jüaan

rupee
ruupia

hæveautomat
sularahaautomaat

vekselkontor

valuutavahetuspunkt

guld

kuld

sølv

hõbe

olie

nafta

energi

energia

pris

hind

kontrakt

leping

skat

maks

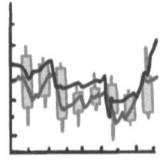

aktie

aktsia

arbejde

töötama

ansat

töötaja

arbejdsgiver

tööandja

fabrik

tehas

butik

kauplus

økonomi - majandus

politimand
politseinik

brandmand
tuletõrjuja

kok
kokk

læge
arst

pilot
piloot

gartner
aednik

tømrer
puusepp

syerske
õmbleja

dommer
kohtunik

kemiker
keemik

skuespiller
näitleja

buschauffør

bussijuht

taxachauffør

taksojuht

fisker

kalamees

rengøringskone

koristaja

tagdækker

katusepaigaldaja

tjener

kelner

jæger

jahimees

maler

maaler

bager

pagar

elektriker

elektrik

bygningsarbejder

ehitaja

ingeniør

insener

slagter

lihunik

vvs-mand

torumees

postbud

postiljon

soldat

sõdur

arkitekt

arhitekt

kasserer

kassapidaja

blomsterhandler

lillemüüja

frisør

juuksur

togfører

piletikontrolör

mekaniker

mehaanik

kaptajn

kapten

tandlæge

hambaarst

videnskabsmand

teadlane

rabbiner

rabi

imam

imaam

munk

munk

præst

preester

værktøj

tööriistad

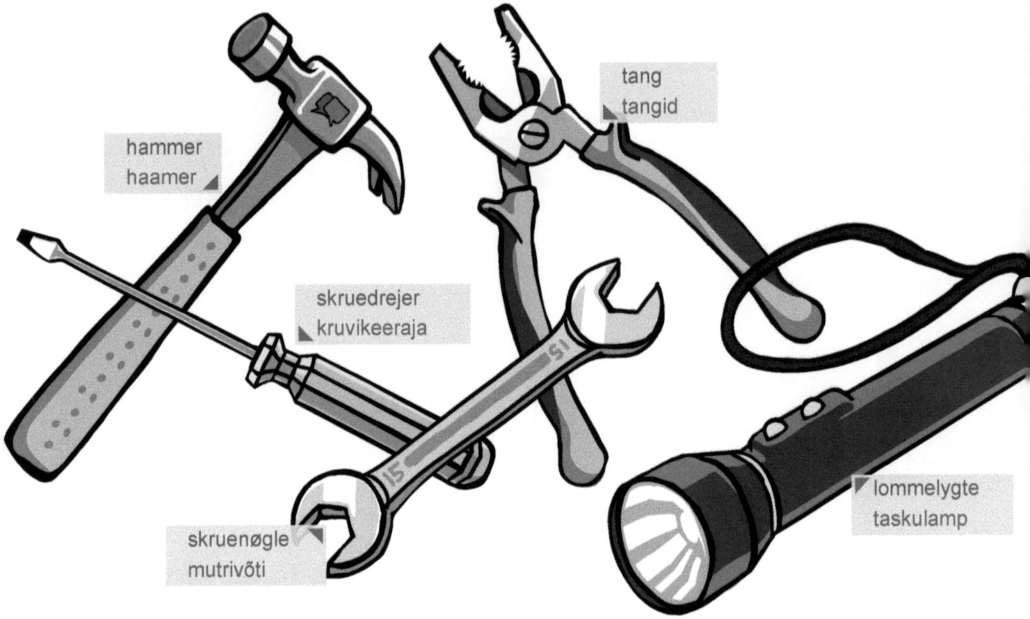

hammer
haamer
tang
tangid
skruedrejer
kruvikeeraja
skruenøgle
mutrivõti
lommelygte
taskulamp

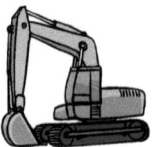

gravemaskine

ekskavaator

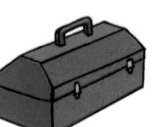

værktøjskasse

tööriistakast

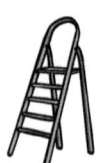

stige

redel

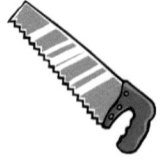

sav

saag

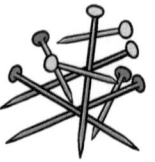

søm

naelad

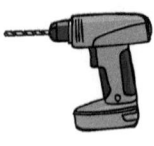

bor

trell

reparere	skovl	Lort!
parandama	labidas	Põrgusse!

fejebakke	malerspand	skruer
kühvel	värvipott	kruvid

musikinstrumenter
pillid

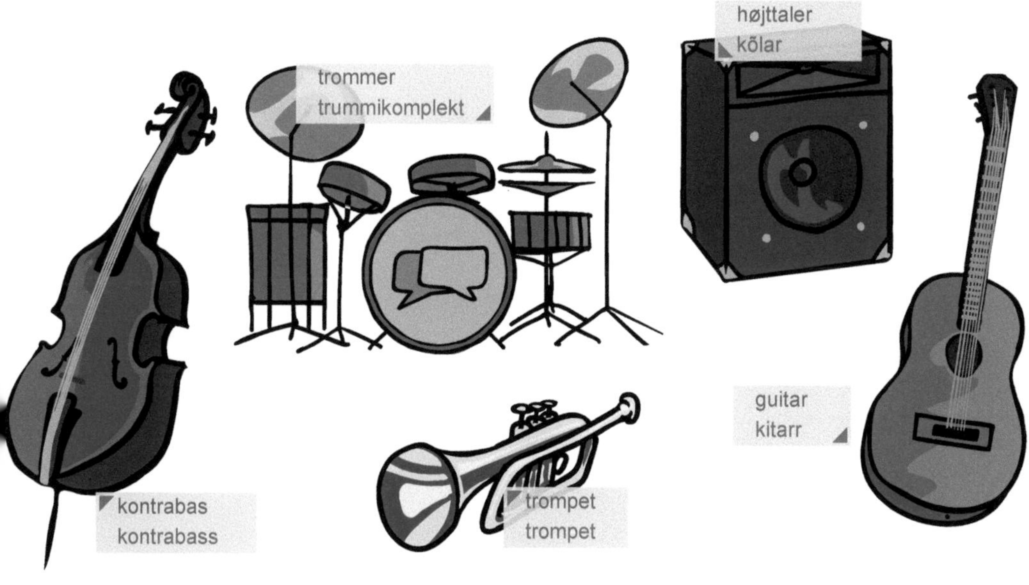

trommer
trummikomplekt

højttaler
kõlar

kontrabas
kontrabass

trompet
trompet

guitar
kitarr

klaver

klaver

violin

viiul

bas

bass

pauke

timpan

tromme

trummid

keyboard

süntesaator

saxofon

saksofon

fløjte

flööt

mikrofon

mikrofon

zoo
loomaaed

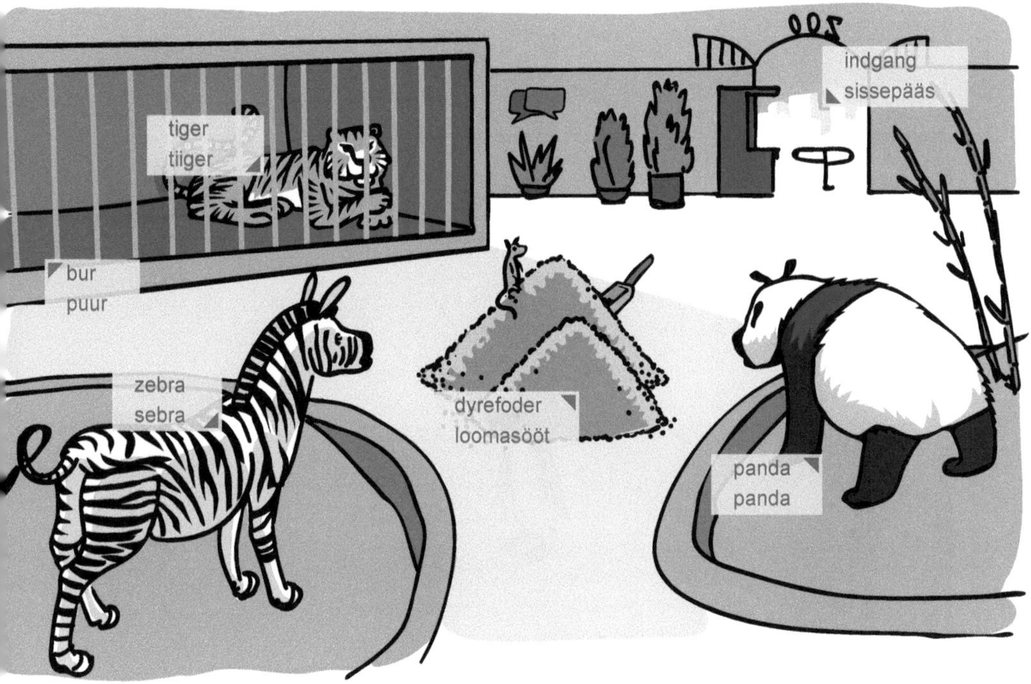

indgang
sissepääs
tiger
tiiger
bur
puur
zebra
sebra
dyrefoder
loomasööt
panda
panda

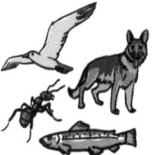

dyr

loomad

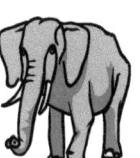

elefant

elevant

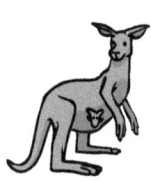

kænguru

känguru

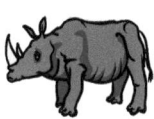

næsehorn

ninasarvik

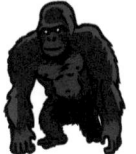

gorilla

gorilla

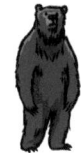

bjørn

karu

kamel

kaamel

struds

jaanalind

løve

lõvi

abe

ahv

flamingo

flamingo

papegøje

papagoi

isbjørn

jääkaru

pingvin

pingviin

haj

hai

påfugl

paabulind

slange

madu

krokodille

krokodill

dyrepasser

loomaaiatalitaja

sæl

hüljes

jaguar

jaaguar

pony

poni

leopard

leopard

flodhest

jõehobu

giraf

kaelkirjak

ørn

kotkas

vildsvin

metssiga

fisk

kala

skildpadde

kilpkonn

hvalros

morsk

ræv

rebane

gazelle

gasell

amerikansk football
Ameerika jalgpall

cykling
jalgrattasõit

tennis
tennis

basketball
korvpall

svømning
ujumine

boksning
poksimine

ishockey
jäähoki

fodbold
jalgpall

badminton
sulgpall

atletik
kergejõustik

håndbold
käsipall

skiløb
suusatamine

polo
polo

aktiviteter
tegevused

springe
hüppama
give et knus
kallistama
grine
naerma
gå
jalutama
synge
laulma
drømme
unistama
bede
palvetama
kysse
suudlema

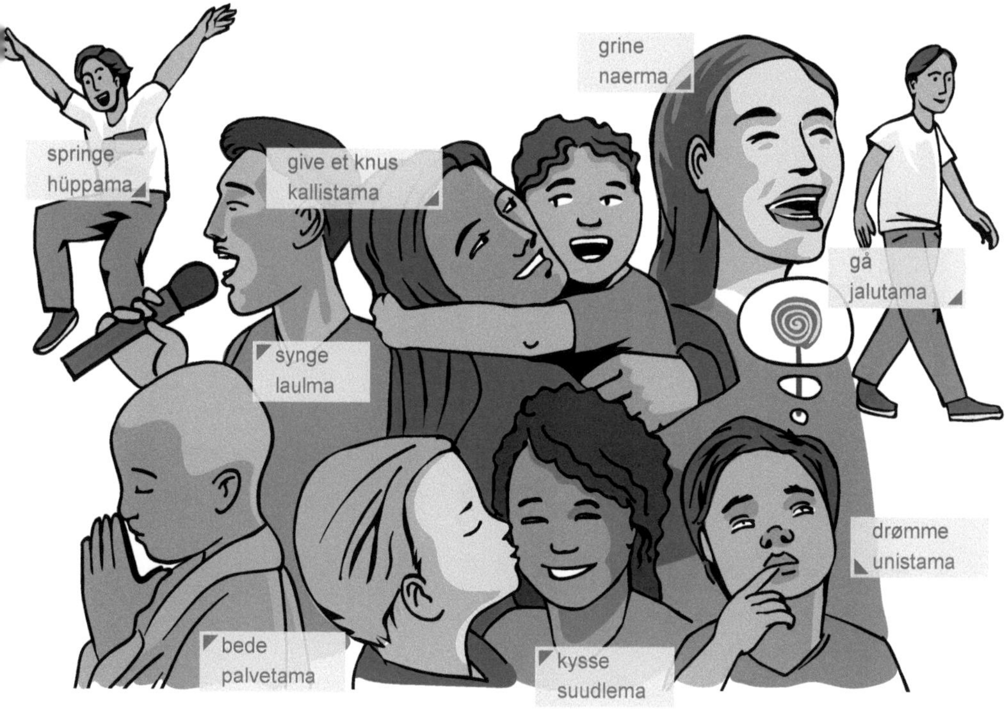

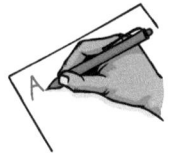

skrive
kirjutama

tegne
joonistama

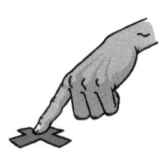

vise
näitama

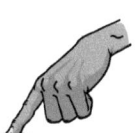

skubbe
lükkama

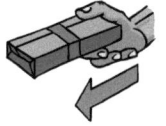

give
andma

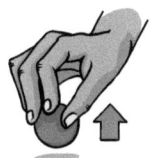

tage
võtma

have
....
omama

gøre
....
tegema

være
....
olema

stå
....
seisma

løbe
....
jooksma

trække
....
tõmbama

kaste
....
viskama

falde
....
kukkuma

ligge
....
lamama

vente
....
ootama

bære
....
kandma

sidde
....
istuma

tage på
....
riidesse panema

sove
....
magama

vågne
....
ärkama

se på vaatama	græde nutma	ae paitama

kæmme kammima	tale rääkima	forstå aru saama

spørge küsima	høre kuulama	drikke jooma

spise sööma	rydde op korrastama	elske armastama

koge süüa tegema	køre sõitma	flyve lendama

sejle

purjetama

regne

arvutama

læse

lugema

lære

õppima

arbejde

töötama

gifte sig med

abielluma

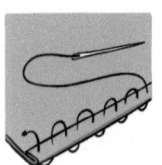

sy

õmblema

børste tænder

hambaid pesema

dræbe

tapma

ryge

suitsetama

sende

saatma

bedstemor
vanaema

bedstefar
vanaisa

far
isa

mor
ema

baby
imik

datter
tütar

søn
poeg

gæst

külaline

tante

tädi

onkel

onu

bror

vend

søster

õde

krop
keha

pande
otsmik
øje
silm
skulder
õlg
finger
sõrm
ansigt
nägu
hage
lõug
hånd
käsi
ben
jalg
bryst
rind
arm
käsivars

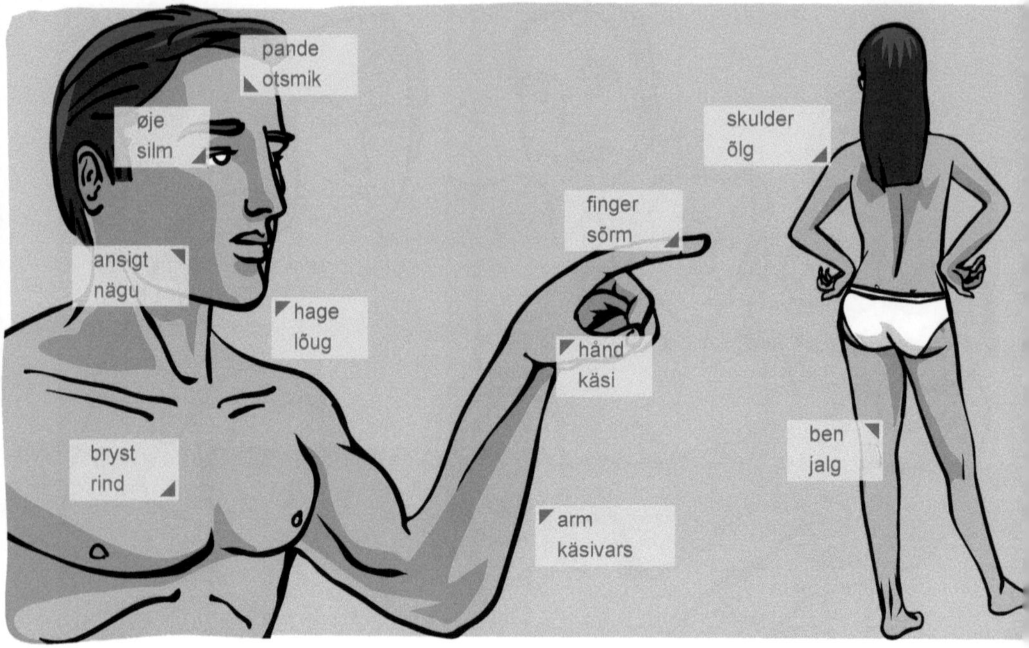

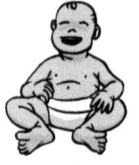

baby

imik

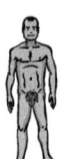

mand

mees

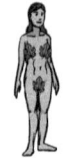

kvinde

naine

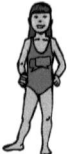

pige

tüdruk

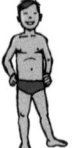

dreng

poiss

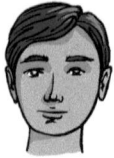

hoved

pea

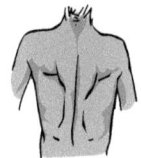

ryg
selg

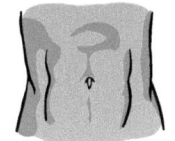

mave
kõht

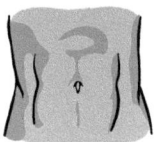

navle
naba

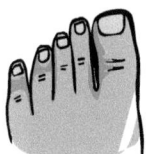

tå
varvas

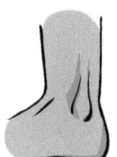

hæl
kand

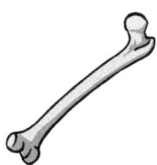

knogle
luu

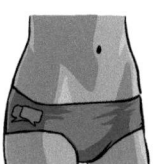

hofte
puus

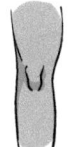

knæ
põlv

albue
küünarnukk

næse
nina

bagdel
tagumik

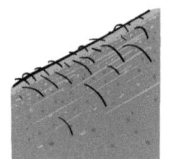

hud
nahk

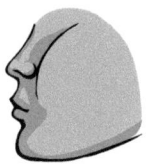

kind
põsk

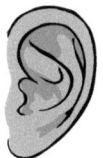

øre
kõrv

læbe
huuled

mund

suu

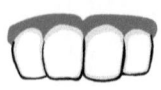

tand

hammas

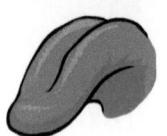

tunge

keel

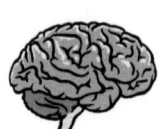

hjerne

aju

hjerte

süda

muskel

lihas

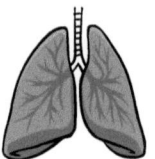

lunge

kops

lever

maks

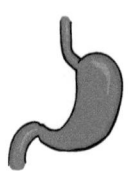

mavesæk

magu

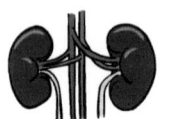

nyrer

neerud

sex

seksuaalvahekord

kondom

kondoom

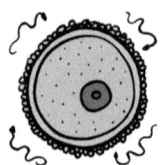

ægcelle

munarakk

sperm

sperma

svangerskab

rasedus

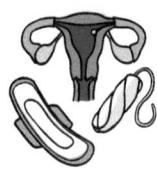

menstruation

menstruatsioon

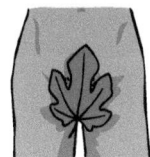

vagina

vagiina

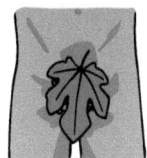

penis

peenis

øjenbryn

kulm

hår

juuksed

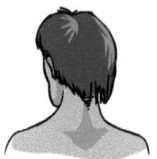

hals

kael

sygehus
haigla

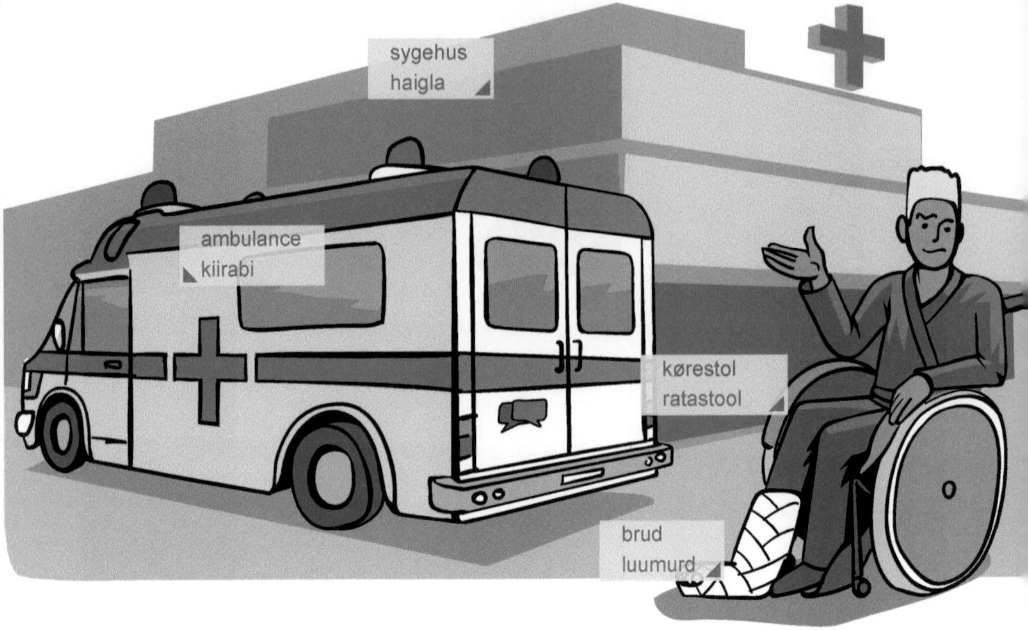

sygehus
haigla
ambulance
kiirabi
kørestol
ratastool
brud
luumurd

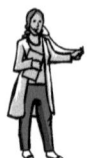

lægе

arst

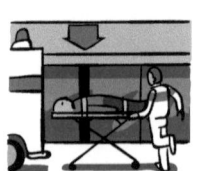

akutmodtagelse

traumapunkt

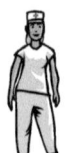

sygeplejerske

meditsiiniõde

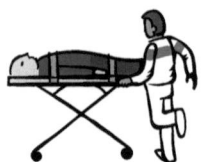

nødstilfælde

hädaolukord

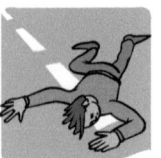

bevidstløs

teadvuseta

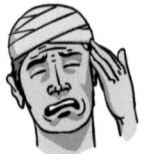

smerte

valu

skade
vigastus

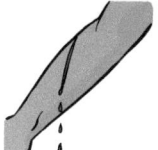

blødning
verejooks

hjerteinfarkt
südamerabandus

slagtilfælde
insult

allergi
allergia

hoste
köha

feber
palavik

influenza
gripp

diarré
kõhulahtisus

hovedpine
peavalu

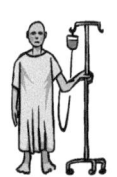

kræft
vähk

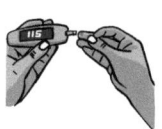

diabetes
diabeet

kirurg
kirurg

skalpel
skalpell

operation
operatsioon

CT
KT

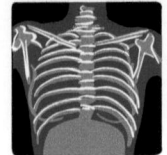

røntgen
röntgen

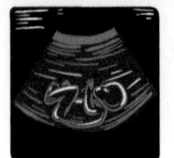

ultralyd
ultraheli

maske
mask

sygdom
haigus

venteværelse
ooteruum

krykke
kark

plaster
kips

forbinding
side

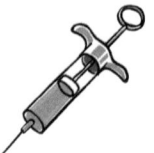

injektion
süst

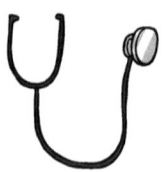

stetoskop
stetoskoop

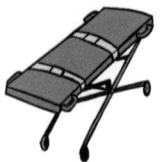

båre
kanderaam

termometer
kraadiklaas

fødsel
sünd

overvægt
ülekaaluline

høreapparat

kuuldeaparaat

desinficerende middel

desinfektsioonivahend

infektion

põletik

virus

viirus

HIV / AIDS

HIV / AIDS

medicin

meditsiin

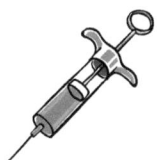

vaccination

vaktsineerimine

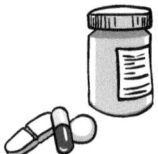

tabletter

tabletid

pille

pill

nødopkald

hädaabikõne

blodtryksmåler

vererõhuaparaat

syg / rask

haige / terve

Hjælp!

Appi!

alarm

häire

overfald

kallaletung

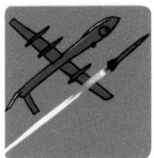

angreb

rünnak

fare

oht

nødudgang

avariiväljapääs

Det brænder!

Tulekahju!

ildslukker

tulekustuti

uheld

õnnetus

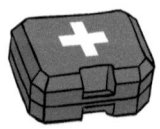

førstehjælps-kuffert

esmaabikomplekt

SOS

SOS

politi

politsei

Europa

Euroopa

Nordamerika

Põhja-Ameerika

Sydamerika

Lõuna-Ameerika

Afrika

Aafrika

Asien

Aasia

Australien

Austraalia

Atlanterhavet

Atlandi ookean

Stillehavet

Vaikne ookean

Indiske Ocean

India ookean

Sydlige Ishav

Lõuna-Jäämeri

Ishav

Põhja-Jäämeri

Nordpol

põhjapoolus

Sydpol

lõunapoolus

Antarktis

Antarktika

Jorden

Maa

land

maismaa

hav

meri

ø

saar

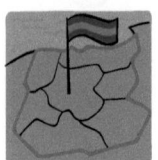

nation

rahvus

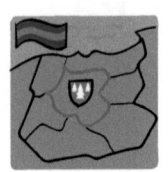

stat

riik

urskive

sihverplaat

timeviser

tunniosuti

minutviser

minutiosuti

sekundviser

sekundiosuti

Hvad er klokken?

Mis kell on?

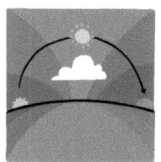

dag

päev

tid

aeg

nu

praegu

digitalur

digitaalne kell

minut

minut

time

tund

uge
nädal

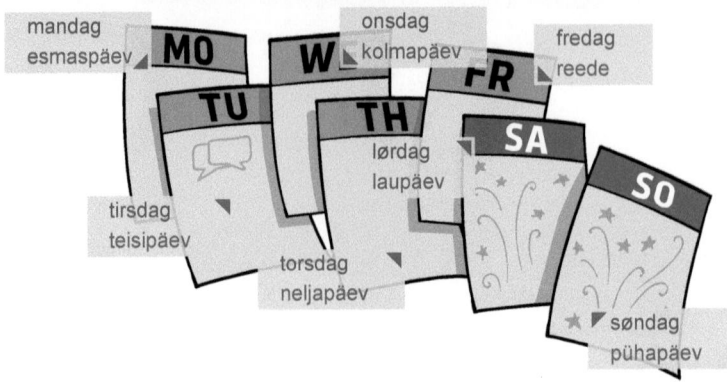

mandag
esmaspäev

onsdag
kolmapäev

fredag
reede

tirsdag
teisipäev

lørdag
laupäev

torsdag
neljapäev

søndag
pühapäev

i går

eile

i dag

täna

i morgen

homme

morgen

hommik

middag

lõuna

aften

õhtu

MO	TU	WE	TH	FR	SA	SU
1	2	3	4	5	6	7
8	9	10	11	12	13	14
15	16	17	18	19	20	21
22	23	24	25	26	27	28
29	30	31	1	2	3	4

arbejdsdage

tööpäevad

MO	TU	WE	TH	FR	SA	SU
1	2	3	4	5	6	7
8	9	10	11	12	13	14
15	16	17	18	19	20	21
22	23	24	25	26	27	28
29	30	31	1	2	3	4

weekend

nädalavahetus

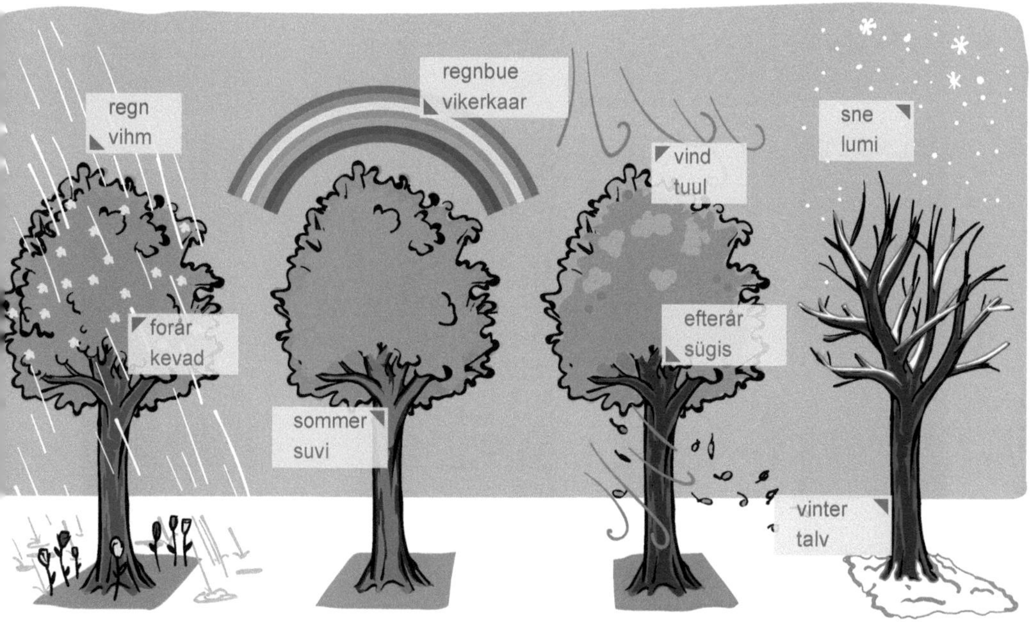

regn
vihm
regnbue
vikerkaar
vind
tuul
sne
lumi
forår
kevad
sommer
suvi
efterår
sügis
vinter
talv

4.APRIL 11°
5.APRIL 4°
6.APRIL 13°
7.APRIL 8°
8.APRIL 10°

vejrudsigt

ilmaennustus

F C
120 40
90 30
60 20
30 10
0 0
-30 -10
-20

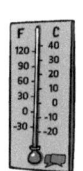

termometer

termomeeter

solskin

päikesepaiste

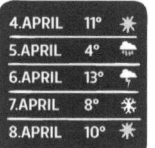

sky

pilv

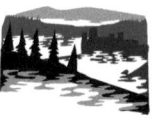

tåge

udu

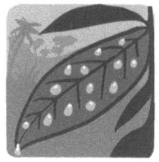

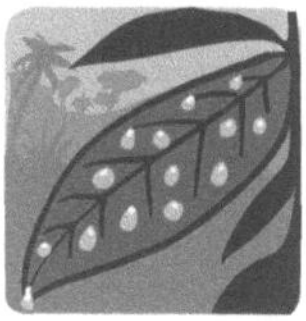

luftfugtighed

niiskus

lyn

pikne

torden

kõu

storm

torm

hagl

rahe

monsun

mussoon

flod

üleujutus

is

jää

januar

jaanuar

februar

veebruar

marts

märts

april

aprill

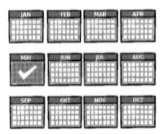

maj

mai

juni

juuni

juli

juuli

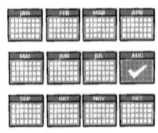

august

august

september
september

oktober
oktoober

november
november

december
detsember

cirkel
ring

kvadrat
ruut

firkant
nelinurk

trekant
kolmnurk

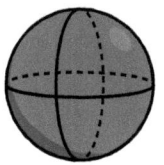

kugle
kera

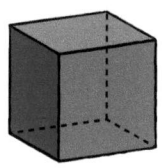

terning
kuup

hvid

valge

gul

kollane

orange

oranž

pink

roosa

rød

punane

lilla

lilla

blå

sinine

grøn

roheline

brun

pruun

grå

hall

sort

must

meget / lidt

palju / vähe

rasende / fredelig

vihane / rahulik

smuk / grim

ilus / inetu

begyndelse / slut

algus / lõpp

stor / lille

suur / väike

lys / mørk

hele / tume

bror / søster

vend / õde

ren / snavset

puhas / must

fuldkommen / ufuldkommen

täielik / puudulik

dag / nat

päev / öö

død / levende

surnud / elus

bred / smal

lai / kitsas

spiselig / uspiselig

söödav / mittesöödav

vred / venlig

kuri / sõbralik

ophidset / kedet

põnevil / tüdinud

tyk / tynd

paks / peenike

først / sidst

esimene / viimane

ven / fjende

sõber / vaenlane

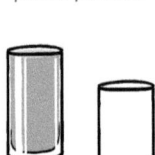

fuld / tom

täis / tühi

hård / blød

kõva / pehme

tung / let

raske / kerge

sult / tørst

nälg / janu

syg / rask

haige / terve

illegal / legal

ebaseaduslik / seaduslik

intelligent / dum

tark / rumal

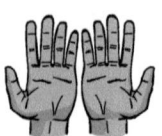

venstre / højre

vasak / parem

nær / fjern

lähedal / kaugel

ny / brugt

uus / kasutatud

intet / noget

mitte midagi / midagi

gammel / ung

vana / noor

tændt / slukket

sees / väljas

åben / lukket

lahti / kinni

stille / højt

vaikne / vali

rig / fattig

rikas / vaene

rigtig / forkert

õige / vale

ru / glat

kare / sile

ked af det / lykkelig

kurb / rõõmus

kort / lang

lühike / pikk

langsom / hurtig

aeglane / kiire

våd / tør

märg / kuiv

varm / kold

soe / jahe

krig / fred

sõda / rahu

0	**1**	**2**
nul	en	to
null	üks	kaks

3	**4**	**5**
tre	fire	fem
kolm	neli	viis

6	**7**	**8**
seks	syv	otte
kuus	seitse	kaheksa

9	**10**	**11**
ni	ti	elleve
üheksa	kümme	üksteist

12

tolv

kaksteist

13

tretten

kolmteist

14

fjorten

neliteist

15

femten

viisteist

16

seksten

kuusteist

17

sytten

seitseteist

18

atten

kaheksateist

19

nitten

üheksateist

20

tyve

kakskümmend

100

hundrede

sada

1.000

tusinde

tuhat

1.000.000

million

miljon

engelsk

inglise

amerikansk engelsk

Ameerika inglise

kinesisk mandarin

mandariini

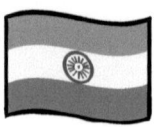

hindi

hindi

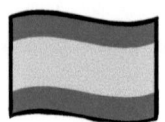

spansk

hispaania

fransk

prantsuse

arabisk

araabia

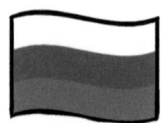

russisk

vene

portugisisk

portugali

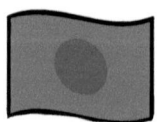

bengalsk

bengali

tysk

saksa

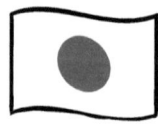

japansk

jaapani

jeg

mina

du

sina

han / hun / den / det

tema

vi

meie

I

teie

de

nemad

hvem?

kes?

hvad?

mis?

hvordan?

kuidas?

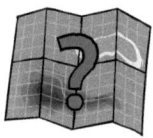

hvor?

kus?

hvornår?

millal?

navn

nimi

bag
....
taga

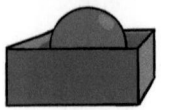

i
....
sees

foran
....
ees

over
....
kohal

på
....
peal

under
....
all

ved siden af
....
kõrval

imellem
....
vahel

sted
....
koht